Putain
De bordel
De merde
Livre De Coloriage

Ta Gueule

Connard

Conne

Putain

Merde

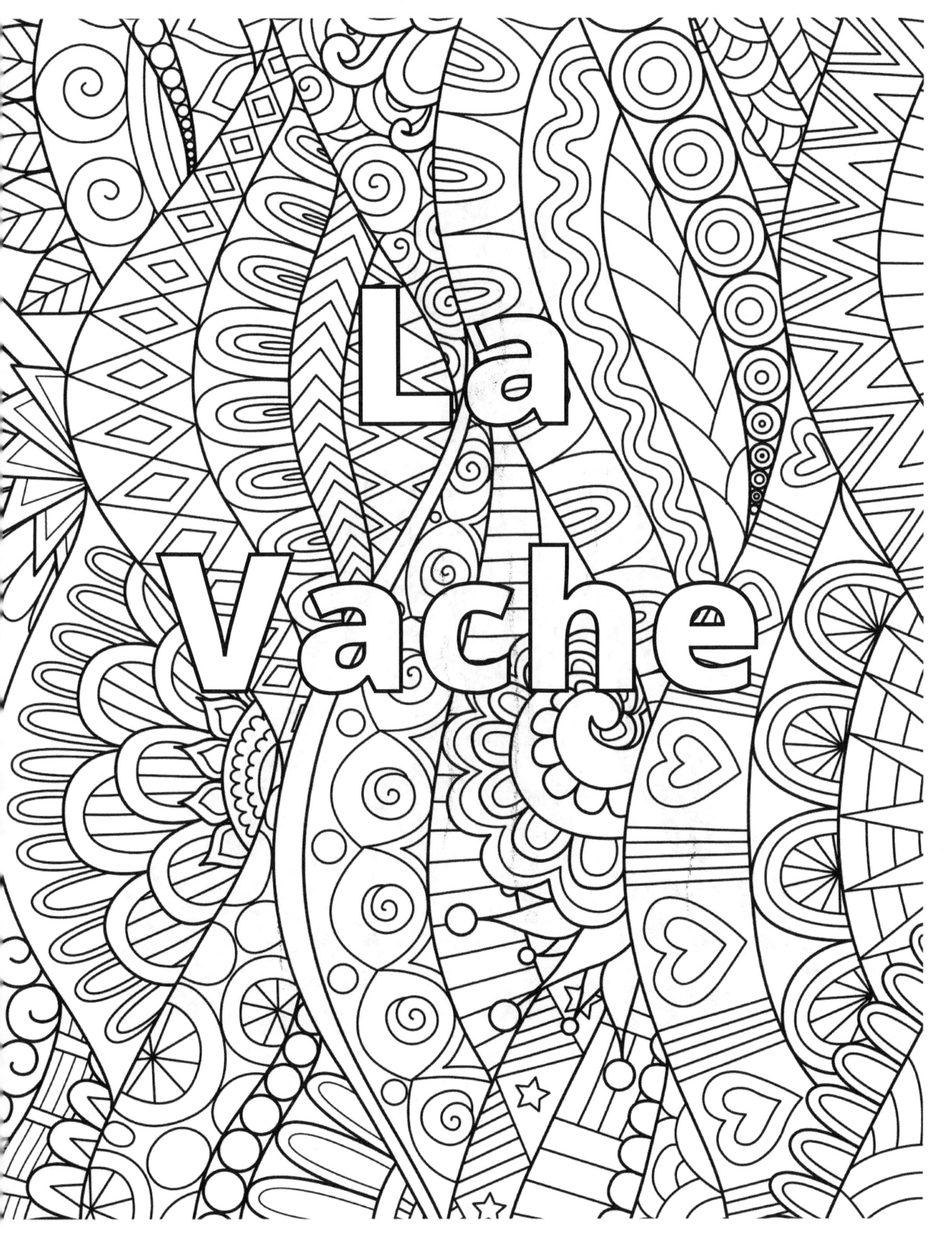
La
Vache

Zut

Casse-Toi

Le Cul

Salope

Connass
e

Gros Porc

Tête De Cul

Va Chier

Enculer

Putain
De Chatte

Trou Du Cul

Fumier

Lèche-Cul

Nom De
Dieu

Tête De
Fion

Fils De
Pute

Enfoiré

Tête De Bite

Tu Me
Fatigues

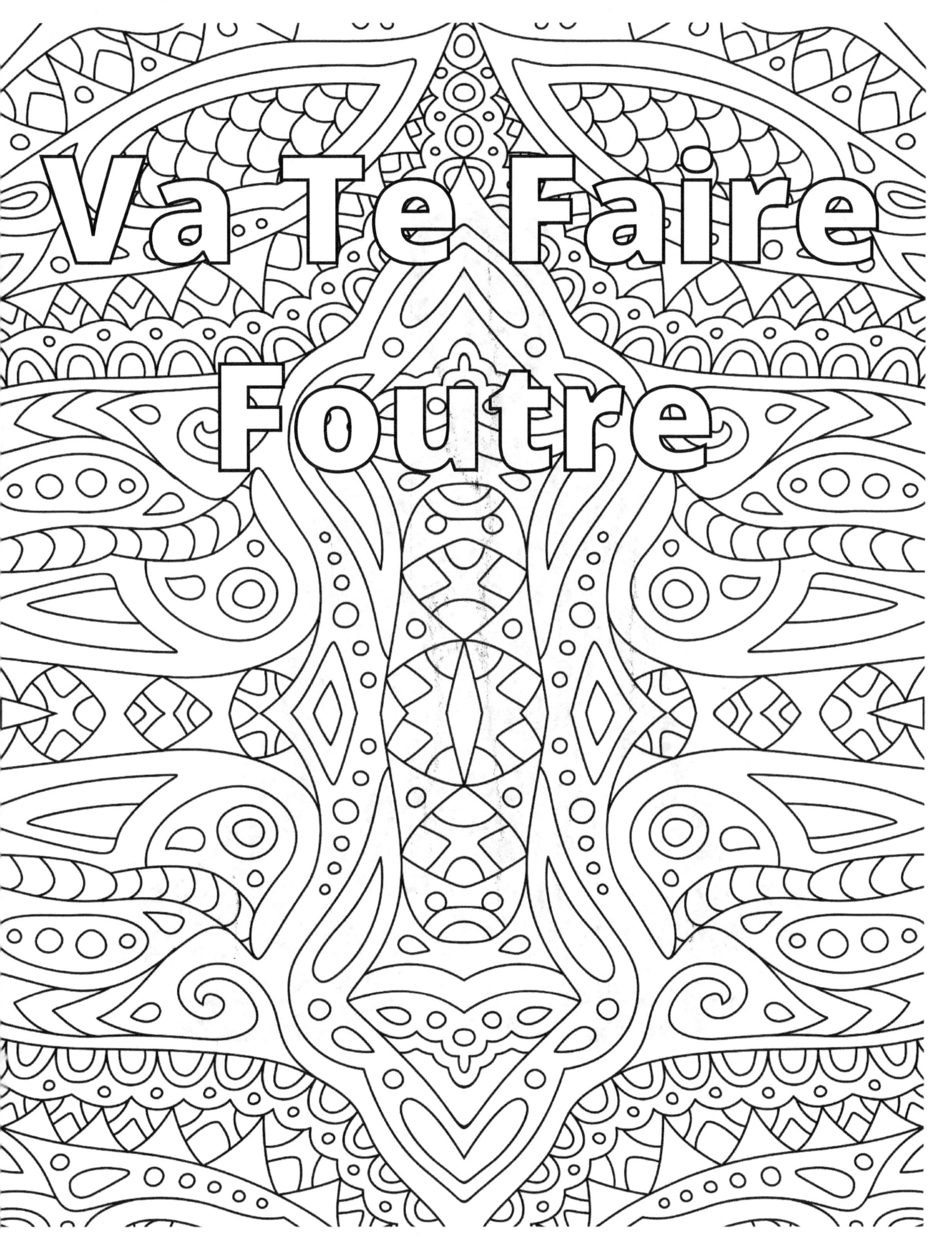
Va Te Faire
Foutre

Sac À Vomi

Petasse

Bite

Souillon

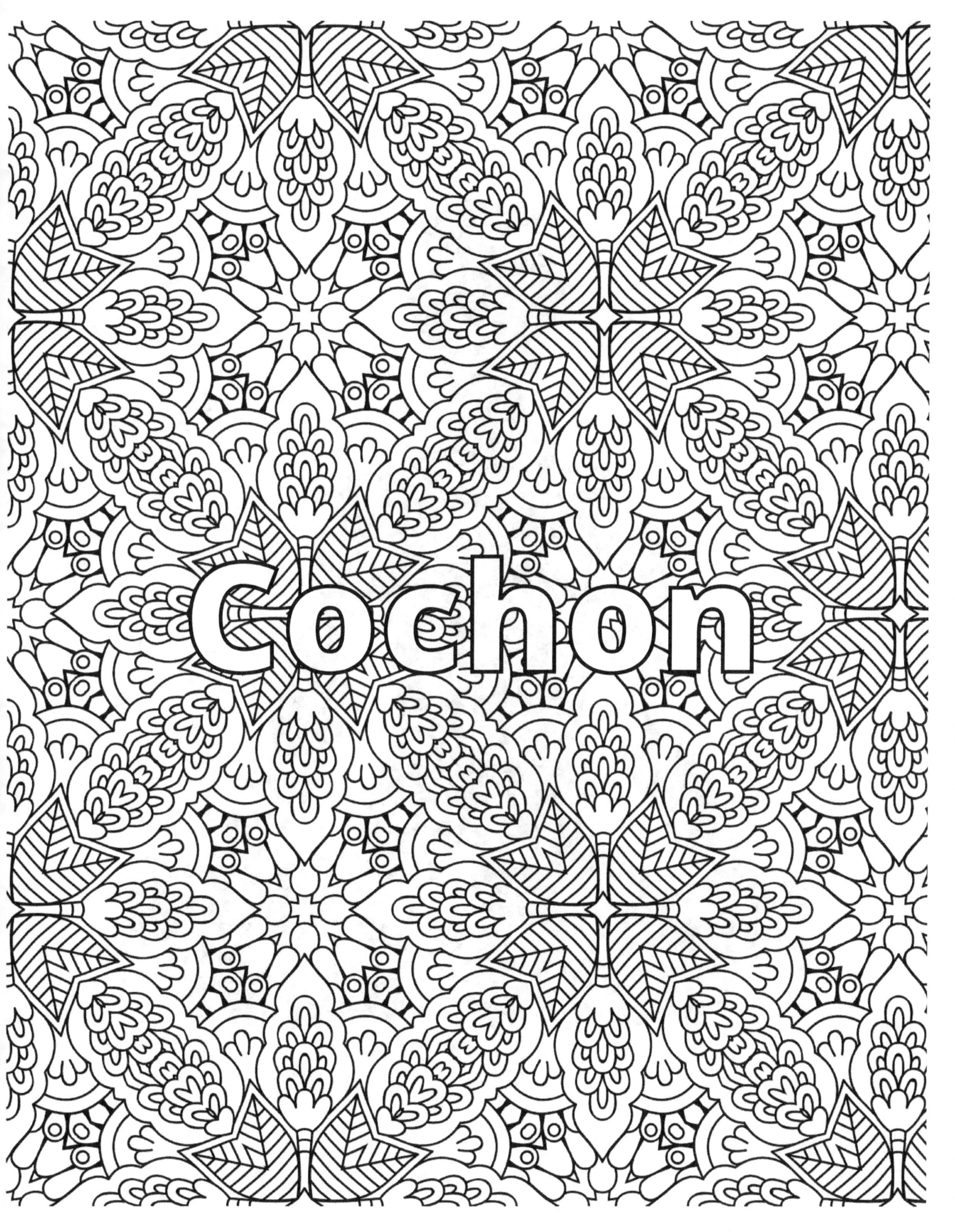
Cochon

Fripouille

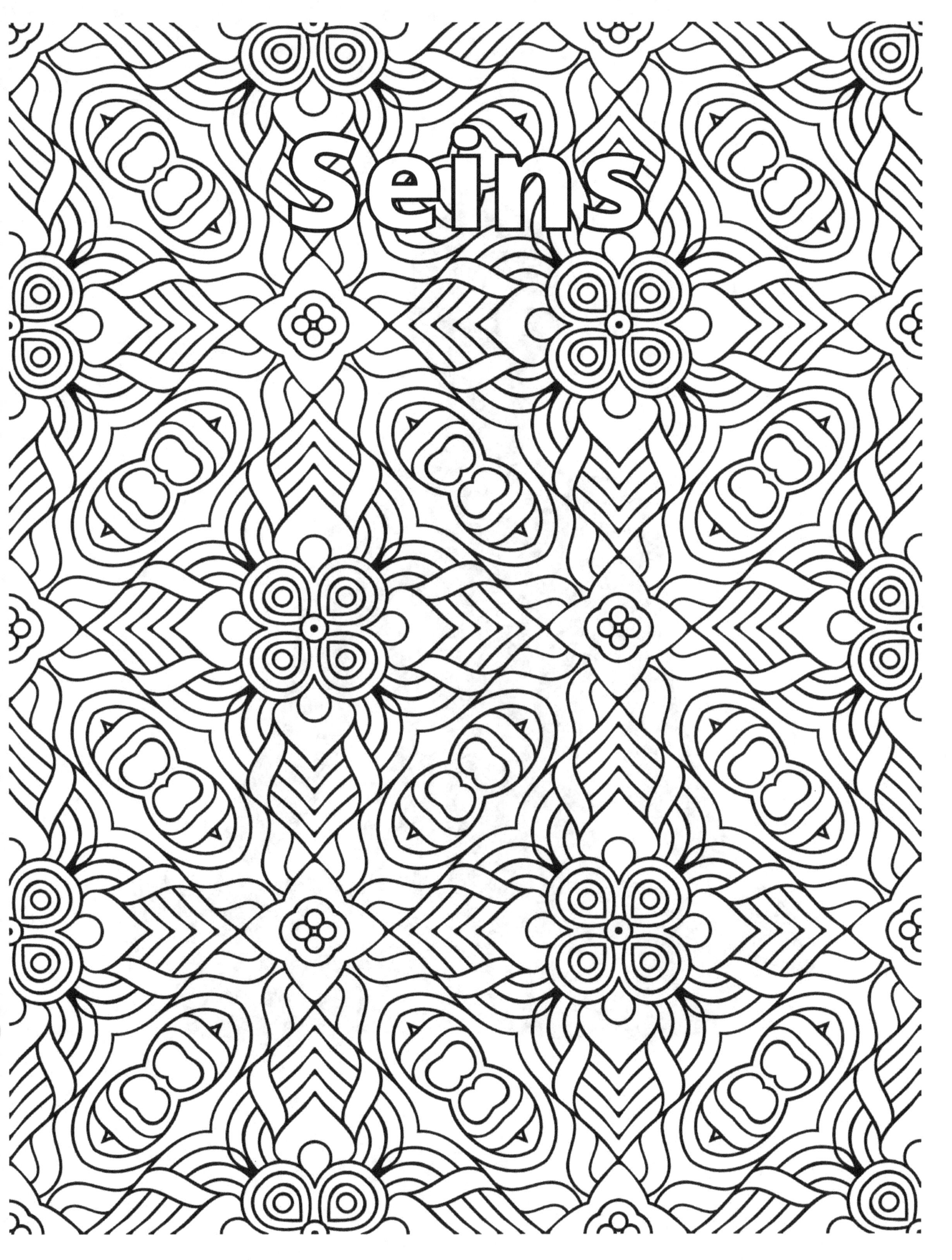
Seins

Anus

Chatte

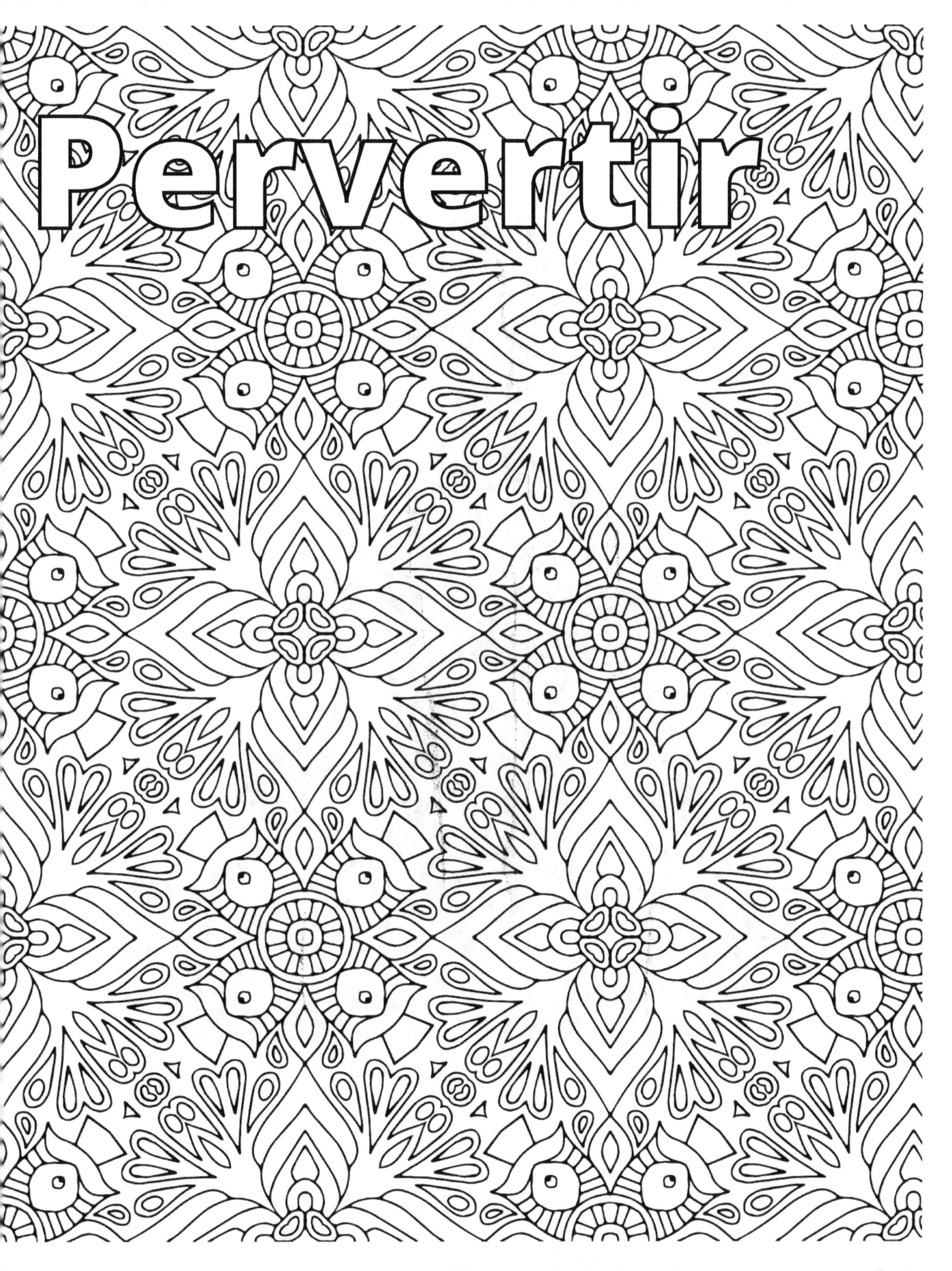
Pervertir

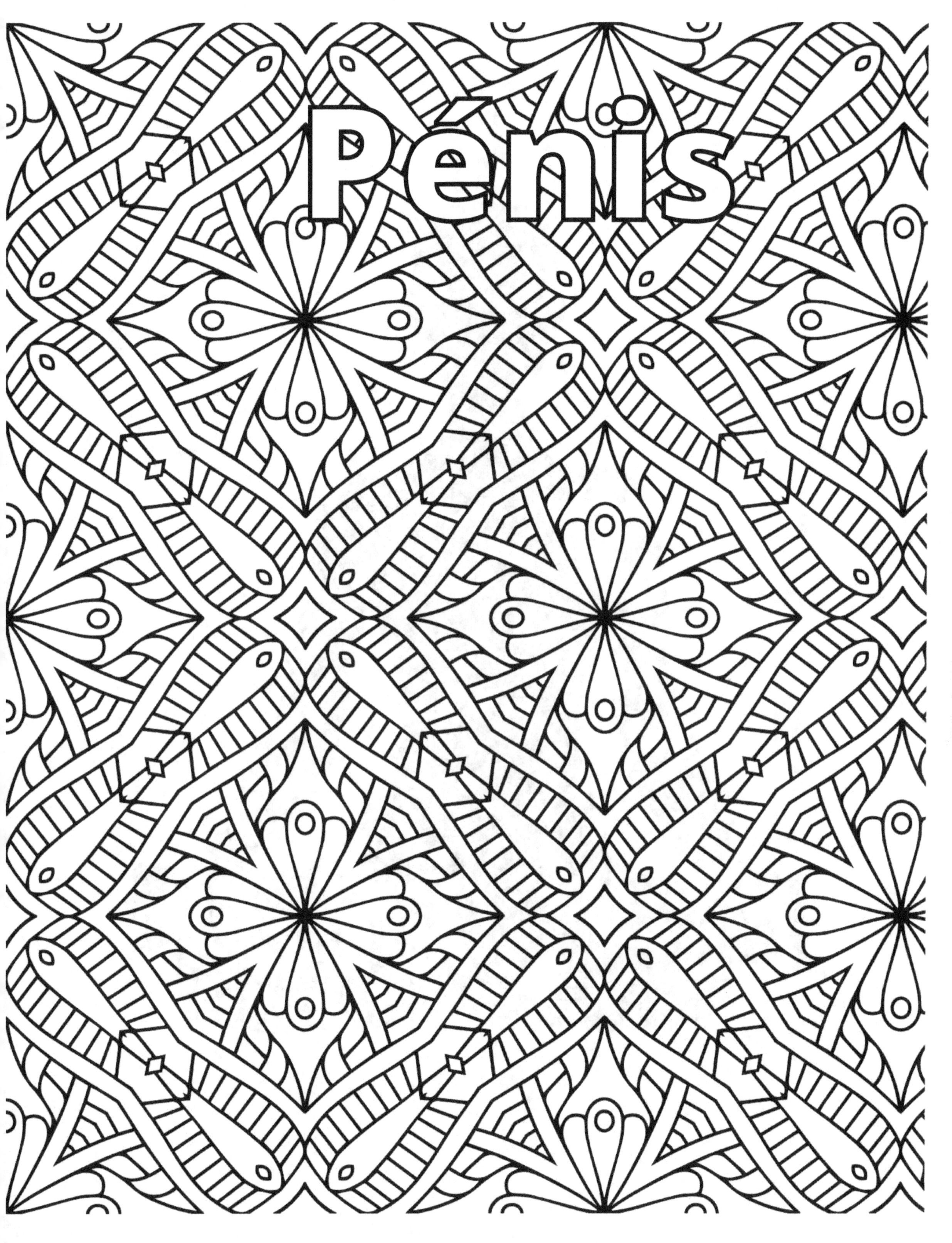
Pénis

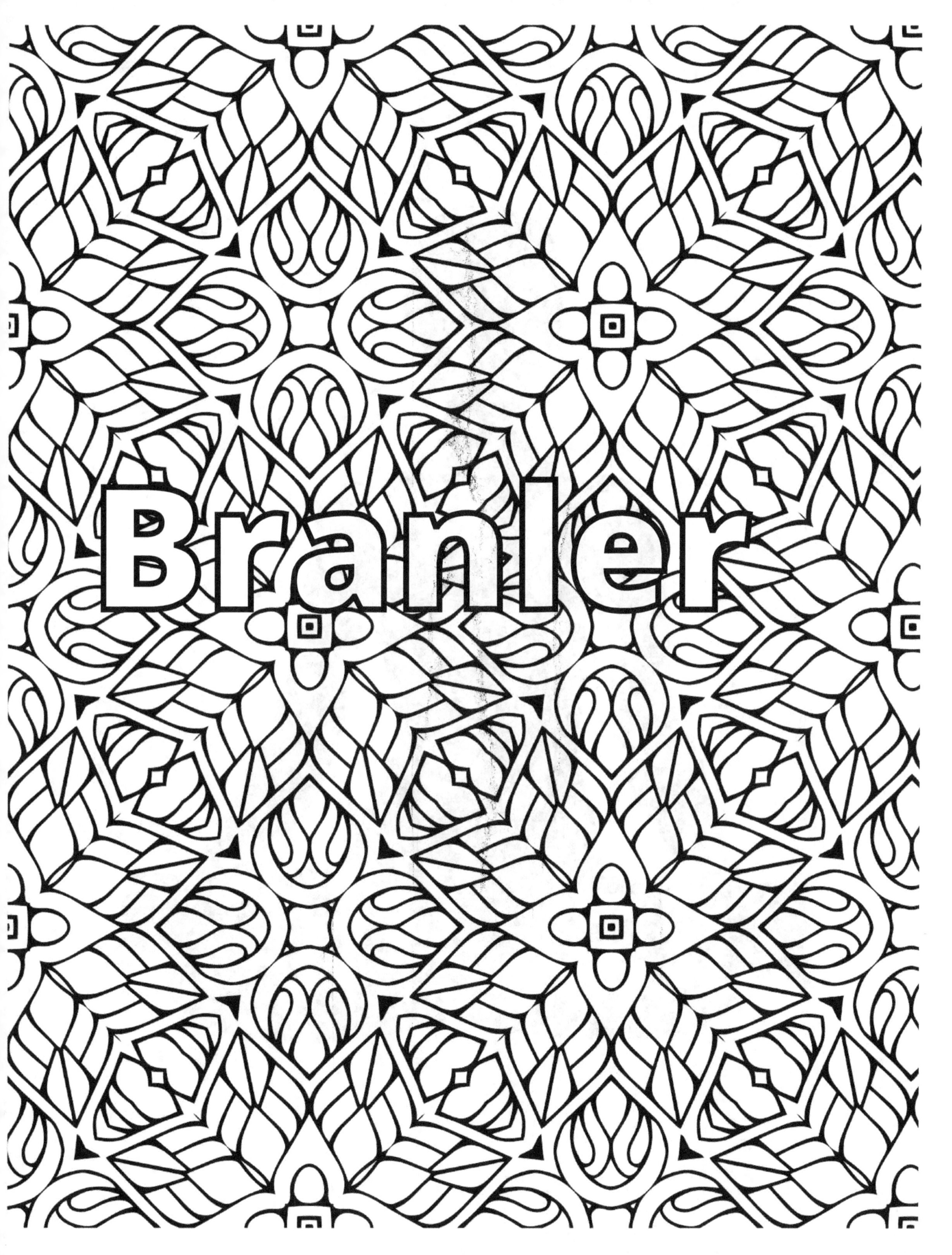
Branler

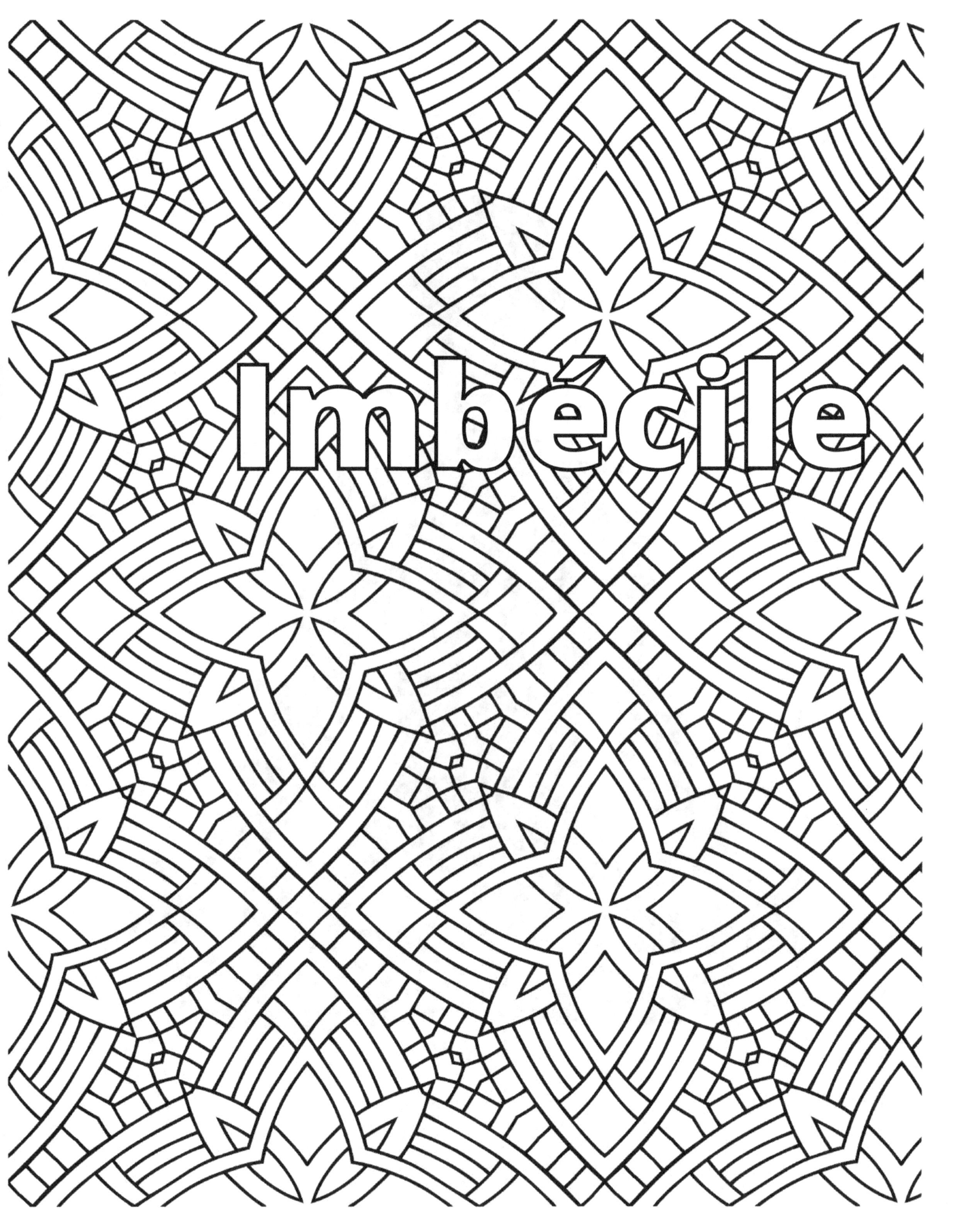
Imbécile

Bête

Que pensez-vous de notre produit?

N'attendez pas et partagez votre opinion aujourd'hui!